Elke Bräunling

Hör mal, Oma!
Ich schenk' Dir ein Gedicht von Jahr und Tag

ELKE BRÄUNLING

Elke Bräunling

Hör mal, Oma!
Ich schenk' Dir ein Gedicht
von
Jahr und Tag

Gedichte durchs Jahr - von Kindern erzählt

Qindie steht für qualitativ hochwertige Indie-Publikationen.
Achten Sie also künftig auf das Qindie-Siegel!
Für weitere Informationen, News und Veranstaltungen besuchen Sie unsere Website: http://www.qindie.de/

INHALT

1   Für Oma und Opa - Vorwort   1

2   Traumgedicht   2

3   Morgengold und Elfentanz   3

4   Der Frühling steht vor der Tür   4

5   Frühling kommt!   5

6   Das erste Veilchen   6

7   Schneeglöckchen-Glöckchen   6

8   Frühling ist's   7

9   Frühlingsblütenzeit   8

10 Gartenarbeit   9

11 Wir schmücken einen Ostereierstrauch   10

12 Franz, der Osterhase-Mann   11

13 Ein Traum im April   13

14 Hexennacht   14

15 Maiwanderung   15

16	Muttertag	16
17	Ein alljährlicher Streit	18
18	Sommerküsschen	19
19	Die Süße des Sommers	20
20	Die Sommersonne lacht	21
21	Sommerspaß	22
22	Wolkenmaler	23
23	Onkel Huberts Garten	24
24	Kleine Blume am Straßenrand	25
25	Der bunte Blumentrog	26
26	Wolkenkind	28
27	Mausi Mausejäger	29
28	Der "arme" Wurm	30
29	Die Regenfrau	32
30	Drachentraum	33
31	Der schöne schöne Waldpilz	34
32	Die Apfelfrau ist da	35
33	Der Apfeltraum im Apfelbaum	36
34	"Adieu", sagt der Sommer	37
35	Septemberküsse	38

36 Altweibersommertage   39

37 Ein Zaubertag im Herbst   40

38 Herbstzeit-Kinderzeit   41

39 Auf der Kirmes   42

40 Bei Oma im Herbst   43

41 Apfelkuchentraum   44

42 Kürbisglück   46

43 Ernte im Herbst   47

44 Erntedank   48

45 Herbst   49

46 Das kleine grüne Stachelding   50

47 Darf's noch ein bisschen bunt sein?   52

48 Der Kastanienbaum vor unserem Haus   53

49 Mit Opa Franz im Geschichtenland   54

50 Ein Herbstfratzengeist   56

51 Ein Bild vom November   57

52 Hallo, mir ist kalt   58

53 Am Ende des Herbstes   59

54 Nebelkind   60

55 Ein rätselhafter Zauber   61

56 Mondlächeln 63

57 Herbstzeit-Laternenzeit 63

58 Eine Laterne für Dich 64

59 Novemberabend 65

60 Wenn's draußen früher dunkel wird 66

61 Dezemberzauber 67

62 Leuchte, kleine Kerze 68

63 Das Winter-Weihnachtswunder -
Barbaragedicht 69

64 Weihnachtszeit – stille Zeit 70

65 Plätzchenduft liegt in der Luft 71

66 Gibt es dich, Weihnachtsmann? 72

67 Vom Schenken 73

68 Wo liegt Bethlehem? 74

69 Raunächte 75

70 Silvester 75

71 Feentanz im Winterwald 76

72 Die Eisblume 76

73 Das Eichhörnchen und der Hunger 77

74 Vogelwinter 78

75 Wenn der Schneeprinz kommt 79

76   Ein lieber Geist   80

77   Schneewinter kommt bald   81

78   Der Schneemann wartet   81

79   Winterzeit-Grippezeit   82

80   Der Winter und die Fastnachtsnarren   83

81   Fastnachtshexentreiben   84

82   Krachmacher-Fastnacht   84

83   Schneemannlachen   85

84   Schneemannweinen   86

85   Zwei Herren streiten   87

86   Dämmerlichtstunde   88

87   Am Ende des Tages   89

88   Ruhe kehrt ein   90

89   Sternenträume   91

90   Auf Regen, da kommt Sonnenschein   92

ELKE BRÄUNLING

Für Oma und Opa!

Hör mal, Oma! Hör mir zu!
Ich komme dich besuchen
zu Kakao und Kuchen.
Ich bringe dir ganz viel Gedichte,
ein paar Bilder noch dazu.
Und wir machen's uns gemütlich,
nur wir beide, ich und du.

Hör mal, Opa! Hör mir zu!
Wir wollen heute träumen,
von Sternen, Wiesen, Bäumen.
Ich bringe dir ein Apfeltörtchen,
einen Bücherkorb dazu.
Und wir machen's uns gemütlich,
nur wir beide, ich und du.

Traumgedicht

Ich mag so gerne träumen
von Riesenzauberbäumen,
bei denen jedes einzelne Blatt
einen Traum zu bieten hat.
Und jeder Traum erzählt ein Märchen
von Elfen, Zwergen, einem Bärchen,
von Wolkengeistern, Hexen, Feen,
Königsschlössern, Zauberseen,
von Schneewittchen, Hans im Glück
und einem Erdbeer-Eisbergstück,
von Peter Pan, Schlaraffenland,
Frau Holle und so allerhand
Geschichten, ja, du glaubst es kaum,
schenkt mir mein Riesenzauberbaum.

Morgengold und Elfentanz

Zögernd zart und still und leise,
schamhaft, auf bescheid'ne Weise,
so, als ob er sich noch scheute,
bahnt der Tag den Weg sich heute.

Und die Elfen singen heiter
ihre Träumelieder weiter,
senden sommersüße Düfte
in des Morgens Nebellüfte.

Fröhlich drehn sie sich zum Tanze.
In des Morgengoldes Glanze
schwirren, flirren sie im Grase,
flispern, kichern leis' zum Spaße.

Da erwacht hinter den Bäumen
nun die Sonne aus den Träumen.
Gleich macht sie sich auf die Reise ...
und im Wald wird's wieder leise.

Der Frühling steht vor der Tür

Schnupper mal!
Atme ganz tief durch!
Riechst du ihn, den Frühling
draußen in der milden Luft?

Schnupper mal!
Sperr die Ohren auf!
Hörst du den Frühlingswind?
Leise streicht er durch das Tal.

Schnupper mal!
Sieh zum Himmel auf!
Spürst du die Sonnenstrahlen?
Sie streicheln dein Gesicht.

Schnupper mal! Hm...!
Frisch riecht es nach Erde und Gras.
Der Frühling kommt.
Er steht schon vor der Tür.
Ganz nah.
Schnupper mal!

Frühling kommt!

Frühling kommt!
Ein blaues Band
flattert heute übers Land.

Frühling kommt!
Der Sonne Schein
lässt die Seelen leichter sein.

Frühling kommt!
Ihr Leut', kommt ,raus,
aus dem staubigen Winterhaus.

Frühling kommt!
Der Himmel lacht,
weil der Tag ihn fröhlich macht.

Frühling kommt!
Ich sing ein Lied,
weil der Winter von uns schied.

Frühling kommt!
Trala, la, la ...
Hört nur! Seht! Nun ist er da.

Das erste Veilchen

Das erste Veilchen, das ich fand,
im Frühlingsveilchenblaugewand.
Zart lächelte es,
leis fächelte es,
seine Frühlingsblütenzaubermelodie
mir zu.
Pssst!
Sei leise,
so hörst sie ... auch ... du.

Schneeglöckchen-Glöckchen

Bing, bing,
klingen leise
die Schneeglöckchen-Glöckchen,
und sie schütteln ganz zart ihre Köpfe.
Bing, bing,
der Frühling ist da.

Frühling ist's

Frühling ist's.
Die Sonne lacht
dem Schatten ins Gesicht.
Frühling ist's.
Die Welt erwacht
im hellen bunten Licht.

Frühling ist's.
Die Blumen blühn
mit süßem Blütenduft.
Frühling ist's.
Der Wald strahlt grün.
Sein Duft würzt klar die Luft.

Frühling ist's.
Ich juble froh.
Wie schön ist diese Zeit!
Frühling ist's.
Ich freu' mich so,
erfüllt mit Heiterkeit.

Frühlingsblütenzeit

Mit dem Pinsel zart bemalt
hat der Frühling unser Land,
das in bunten Farben strahlt
im Frühlingsfestgewand.

Seht, der Bäume frisches Grün.
Helles Schimmern überall,
wo die Blütenbäume blühn
am Berge und im Tal.

An den Zweigen dort am Baum.
Apfelblüten. Weiß, rosé
leuchten sie mit zartem Flaum
wie Frühlingsblütenschnee.

Und so lockt der süße Duft
viele Menschen aus dem Haus
an die frische Frühlingsluft
in die Blütenwelt hinaus.

Gartenarbeit

Wenn die Frühlingssonne
warm vom Himmel lacht,
wird im Garten
alles schön gemacht:
Putzen, kehren, hacken, mähen,
graben, pflanzen, gießen, säen,
schneiden, jäten, schützen, hegen,
ziehen, setzen, schmücken, pflegen
und noch viele andre Sachen
sind im Garten jetzt zu machen.
Bis es dann richtig grünt und blüht,
hat man sich gründlich abgemüht,
und oftmals hat der Vater
einen Muskelkater.

Wir schmücken einen Ostereierstrauch

In unsrer Ostereierwerkstatt
geht es fröhlich zu.
Wir malen Ostereier an
und singen laut dazu.

Jedes Ei hat ein Geheimnis:
Einen Wunsch, ganz tief und fest,
hält für jeden es verborgen
bis zum Osterfest.

Kunterbunt ist er geworden,
unser Ostereierstrauch!
Er strahlt uns an mit seinen Farben.
Bunt sind unsre Wünsche auch.

Einen Wunsch woll'n wir
gleich sagen: "Frohe Ostern!"
wünschen wir allen Leuten hier und heute.
"Frohe Ostern!" so auch dir.

Franz, der Osterhase-Mann

Hört euch die Geschichte an
von Franz, dem Hasenmann,
dem Osterhase-Mann:

Franz, der Osterhase-Mann,
der malte keine Eier an.
"Ich weiß nicht, wie das geht",
sprach er, "mir ist´s zu blöd.
Ich bin kein Maler, bin kein Huhn.
Mit Eiern hab ich nichts zu tun."

Die Hasenmama sprach: "Oha!
Ein Hase ist zum Malen da,
damit zum Osterfest
gefüllt ist jedes Nest.
Die Kinder warten auf dich schon."
Da lachte Franz und lief davon.

"Mit Ostern hab ich nichts am Hut!
Hier auf dem Feld gefällt´s mir gut",
so sang der faule Franz
und tanzte einen Tanz.
Er hoppelte weit übers Feld
und freute sich an seiner Welt.

Ein Hasenmädchen kam herbei
und tanzte lustig, eins, zwei, drei
mit zarter Eleganz
den Hasenhochzeitstanz.
Franz war bis übers Ohr verliebt.
"Ach", rief er. "Schön, dass es dich gibt!"

Ein kleines Wunder war gescheh'n,
und alle Hasen konnten´s sehn,
denn just am Osterfest,
da lagen in dem Nest
sechs Hasenkinder, niedlich klein.
Der Franz war stolz ganz ungemein.

Er freute sich und rief voll Glück:
"Das ist ein wahres Meisterstück.
Sagt selbst, ist das nicht toll
und hasenwundervoll?
Sechs Kinder just am Ostertag!
Ach, wie ich dieses Ostern mag!"

Ein Traum im April

Regenbogen im April.
Märchenzauberspiel
im Aprilwettertheater.
Der Eintritt ist frei.
Butterblumensternegelb,
eismeerwellenblau,
grashüpfergrillengrün,
wolkennieselschauergrau,
apfelbackenpurpurrot
kommt ein Regenbogen
durchs Wolkenfeld gezogen.
Das Spiel beginnt.
Es regnet. Schau!
Da kommt ein Wolkensegelboot
an mir vorbeigezogen.
Es nimmt mich mit. Wir schweben sacht
in den Himmel. Plötzlich lacht
ein Sonnenstrahl mir ins Gesicht
und kitzelt mich mit seinem Licht.
Ich niese. Hatschi! Weh und ach.
Der Traum ist aus, und ich bin wach.

Hexennacht

Heut tanzen sie wieder
um Mitternacht
hoch am Berge
den schaurigen Tanz.
Heut fliegen sie wieder
mit finstrer Macht,
sind übel am Werke,
vergessen sich ganz.
Heut dürfen sie wieder,
nur heute Nacht:
Durch Lüfte reiten,
fluchen und streiten,
kichern und necken,
spuken, erschrecken,
heulen und lachen
und Gruselkram machen.
Ja, heute Nacht
geht es
gruselgrausgespenstischhexenzaubergeisterhaft zu.
Doch ab morgen
ist für ein Jahr
wieder Ruh.

Maiwanderung

Wenn warm die Maiensonne lacht,
wird eine Wanderung gemacht.
Viele Leute laufen, wandern
rasch von einem Ort zum andern
frohgemut durch Wald und Feld,
weil man´s so für üblich hält.
Der Vater vorn,
Mutter dahinter,
und ganz zum Schluss
folgen die Kinder,
und sie quengeln, meckern, maulen,
weil sie sich vorm Wandern graulen...

Muttertag
Danklied für Mama zum Muttertag

An jedem Tag im ganzen Jahr
sorgst du so lieb für mich.
Drum sage ich am Abend dir:
„Mama, ich liebe dich."

An jedem Tag im ganzen Jahr
nimmst du mich in den Arm.
Du hältst mich fest und kuschelst mich,
und so wird mir ganz warm.

An jedem Tag im ganzen Jahr
bist du bei mir ganz nah.
Und wenn ich einmal traurig bin,
sagst du: „Hey, ich bin da!"

An jedem Tag im ganzen Jahr
gibst du mir Kraft und Mut,
damit ich mich nicht fürchten muss,
und so geht alles gut.

An jedem Tag im ganzen Jahr
lachst zärtlich du mir zu:
„Ein bisschen Glück bringt jeder Tag",
sagst du ganz leis' dazu.

An jedem Tag im ganzen Jahr
bist du, Mama, bei mir.
Drum feiern wir zum Muttertag
zum Dank ein Fest mit dir.

An jedem Tag im ganzen Jahr
schlägt leis' mein Herz für dich,
denn jeder Tag ist Muttertag
für uns, für dich, für mich.

Ein alljährlicher Streit

Winter und Frühling, die beiden,
sie streiten fortwährend und neiden
einander das Regiment.
Einmal kommt eisig der Winter zurück,
und dann wieder hat der Frühling mehr Glück.
Der Sommer aber, der pennt.
So streiten die beiden bis tief in den Mai.
Sie merken es nicht, die Zeit rast vorbei.
Doch dann, über Nacht,
ist er endlich erwacht,
der Sommer, mit Sonnenglut,
und die tut keinem der Streithähne gut.
Grollend ziehen sie sich zurück.
Die Menschen aber rufen voll Glück:
"Hurra und Juchhu! Der Sommer ist da.
Die Sommerzeit ist die schönste im Jahr."

Sommerküsschen

Ein Küsschen hat der Sommer
uns heute zart geschenkt
und uns leis' zugeflüstert,
dass er noch an uns denkt.

Er nimmt uns wohl zum Gruße
ganz zärtlich in den Arm.
Sein blütensüßer Atem
hält uns're Seele warm.

Wir heißen ihn willkommen
und halten ihn ganz fest,
damit er uns nicht wieder
gleich morgen schon verlässt.

Nun hör ich auf zu reimen
und gehe in den Wald,
den Sommer zu begrüßen.
Ich meld' mich bei euch bald.

Die Süße des Sommers

Der Sommer ist da!
Blinzelnd lugt er über die Hecken,
will sich nicht länger
im Schatten verstecken.

Die Sonne gewinnt
lachend den Kampf gegen die Kühle,
tauscht sie mit Hitze
und bleierner Schwüle.

Der Himmel hält Hof.
Wind hat die Wolken vertrieben.
Ein flirrender Lufthauch
ist übrig geblieben.

Das Leben klingt bunt.
Töne im blau, rot, gelben Glanze.
Ein Lied voller Mystik
lädt Farben zum Tanze.

Ein heiteres Bild.
Der Künstler weilt, wie alle wissen,
als Gast nur auf Zeit hier.
Man will ihn nicht missen.

Die Sommersonne lacht
Ein Sommerlied

Wenn die Sommersonne warm vom Himmel
lacht,
wenn es draußen blüht in bunter Farbenpracht,
wenn die Luft voll Duft und Helligkeit,
dann ist endlich wieder Sommerzeit.

Wenn die Katze schläfrig in der Sonne liegt,
wenn der Bussard kreisend über Felder fliegt,
wenn das Leben voll Gemütlichkeit,
dann ist endlich wieder Sommerzeit.

Wenn die Menschen wieder gerne bummeln geh'n
und wenn draußen bunte Sonnenschirme steh'n,
wenn die Herzen voll Zufriedenheit,
dann ist endlich wieder Sommerzeit.

Wenn man draußen wieder feiert manches Fest,
wenn man bummelt und sich´s gut geh'n lässt,
wenn die Welt erfüllt von Heiterkeit,
ja, dann ist endlich wieder Sommerzeit.

Sommerspaß

Im Sommer kann man viele Sachen,
die Kinder mögen, prima machen:
So zum Beispiel barfuß laufen,
sich ein Eis ums andre kaufen,
oder in der Sonne sitzen
und dabei ganz mächtig schwitzen,
am Sandstrand hohe Burgen baun,
beim Nachbarn ein paar Beeren klaun,
mit Papa abends Bälle kicken,
einfach in den Himmel blicken,
Fahrrad fahren, Reisen machen,
Schwimmen gehen, blödeln, lachen,
im Garten grillen und gut essen,
Sommerfeste nicht vergessen,
die sind nämlich echt der ´Hit´,
und der Sommer feiert mit.

Wolkenmaler

Eine Wölkchen kommt in hohem Bogen
von weit her über den Himmel gezogen.
Die Sonne lacht, der Wind fächelt sacht,
er gaukelt und schaukelt, er wiegt und er biegt
das Wölkchen sanft hin und her.
Er witzelt und kitzelt noch ein bisschen mehr...
Was sind das für Sachen?
Was wird es jetzt machen?
Das Wölkchen dreht sich und kullert und lacht,
und weil das Windspielchen ihm Freude macht,
malt es Wölkchenbilder blitzschnell an den Himmel:
´nen Bären, eine Wiege, Frau Holle, einen Schimmel,
ein Schäfchen, ein Blümchen, einen Drachen, ein
Haus,
Griesgramgesichter, zum Schluss eine Maus.
"Wie schön! Du kannst zaubern", säuselt der
Wind.
Die Sonne lacht wieder und schickt ganz
geschwind
ein Sonnenstrahlküsschen auf Wölkchens Wange,
ganz mollig warm. Daran denkt es noch lange.
Das Wölkchen winkt, dann wandert es weiter
über den Himmel, ruhig, froh und heiter.

Onkel Huberts Garten

Onkel Hubert hat ‚nen Garten.
Der ist spitze! Da ist's schön.
Und dort kann man viele Pflanzen
durcheinander blühen seh'n:
Margeriten, Schlüsselblumen,
Klatschmohn, Schaumkraut, Löwenzahn,
Wiesensalbei, Primeln, Veilchen,
Gänseblümchen, Thymian,
Butterblumen, Klee und Labkraut,
Sauerampfer, Majoran,
Heckenrosen und Holunder,
ja, sogar auch Baldrian.
Kunterbunt blüht es im Garten.
Onkel Hubert mag das sehr.
Er liebt alle Pflanzenarten
wild im Garten, ringsumher.
Nur die Nachbarn jammern, klagen.
Sie sind sehr empört und sagen:
Dieser Garten ist ‚ne Schande
hier in unserm saub'ren Lande.
Alles wuchert wild und hässlich.
Ach, wie ist der Garten grässlich!
Unkraut! Gras! Wie schrecklich! Ihh!
Das gehört sich nicht. Nein. Nie!

Onkel Hubert aber lacht,
denn in seinem Garten macht
er, was ihm gefällt.
Das ist meine Welt,
sagt er und winkt den Bienen,
Schmetterlingen, Fröschen, Mäusen,
Vögeln, Igeln, Gartenläusen,
Käfern, Würmern und den Schnecken
unter Gräsern, Blättern, Hecken.
„Euch soll es", sagt er, „alle geben,
denn auch ihr gehört zum Leben."

Kleine Blume am Straßenrand

Kleine Blume am Straßenrand.
Deine Farben sind blass,
die Blüten sind voll Staub,
die Köpfe gesenkt,
ganz welk ist dein Laub.
Kleine Blume am Straßenrand.
Keiner sieht dich an,
weil man dich am Straßenrand
fast nicht sehen kann.

Der bunte Blumentrog
Nach der Melodie "Zehn kleine Negerlein" zu singen

Viele bunte Sommerblumen
waren angepflanzt
im Blumentrog am Rathausplatz
als hübscher Blütenschatz.

Die bunten Sommerblumen
erfreuten alle sehr:
"Der Sommer zeigt sich in der Stadt,
wie schön, was will man mehr!"

Als ein Kind die Blumen sah,
da rief es froh: "Wie schön.
Es pflückte eine Tulpe ab,
und keiner hat´s gesehn.

Ein Mann trank eine Flasche leer,
und warf sie mit viel Schwung,
auf die Blütenköpfe drauf.
Manche knickten um.

Am Mittag spielten Kinder hier
Hüpfen, Ball, Versteck.
Der Ball fiel manchmal in den Trog,
riss ein paar Blumen weg.

Eine Frau rief: „Oh, wie fein!
Mir fehlt auf dem Balkon
ein Pflänzchen, blau wie dieses hier.“
Sie nahm´s und lief davon.

Ein Punker kam mit seinem Hund,
der hob sogleich das Bein
und pinkelte, man glaubt es kaum,
in die Blumen rein.

Am Abend, als es dunkel war,
da kam ein Mann daher.
Er pflückte einen ganzen Strauß
und nahm ihn mit nach Haus.

In der Nacht, es war schon spät,
hört´ man es krachen, schrei'n,
Ein Auto raste mit ´nem Knall
in den Trog hinein.

Traurig sah´s am Morgen aus.
Die Blumen gab´s nicht mehr.
Der Blumentrog vorm Rathausplatz
war öd´, kaputt und leer.

Viele bunte Sommerblumen
Hatte man geseh'n
für einen Tag am Rathausplatz.
Sie waren wunderschön.

Wie die Geschichte weiter geht?
Der Blumentrog blieb leer.
Der Sommer zeigte sich dies Jahr
an diesem Platz nicht mehr.

Wolkenkind

Ein Wolkenkind kommt in weitem Bogen
über den tiefblauen Himmel gezogen.
Es tanzt mit den Strahlen der Sonne und lacht.
Es streicht übers Blattlaub und kitzelt es sacht.
Dann trödelt genüsslich und träge und heiter
das Wölkchen fröhlich zum Horizont weiter.
Ich schau' in den Himmel zum goldenen Licht.
Tage wie diese vergesse ich nicht.
Tief in der Seele ruh'n sie in mir.
Vielleicht, ja, kommt Wolkenkind nun auch zu
dir?

Mausi Mausejäger

Mausi heißt die kleine Katze,
die mit ihrer scharfen Tatze
spielerisch nach allem haut,
doch nicht nach den Mäusen schaut.

Und so tun die Mäus´ mitnichten
vor der Katze Mausi flüchten.
Sie schau'n ihr beim Spielen zu,
haben vor ihr ihre Ruh.

Mausis Herrchen ist erschrocken.
Keine Maus kann Mausi locken.
„Hey, du faules Katzentier!",
ruft er laut. „Was ist mit dir?"

„Mäuse fangen sollst du, jagen,
hinter diesen kleinen Plagen.
Tu den Job, tu deine Pflicht!
Zum Träumen brauche ich dich nicht."

Unerhört bleibt seine Klage.
Mitten in der Mäuseplage
sitzt die Mausi still und froh.
Ihr gefällt das Leben so.

Zu Freunden will die Mäus´ sie machen,
wenn auch alle drüber lachen,
doch ihr Name sei ihr Pflicht:
Mäuse jagt die MAUSI nicht.

Der "arme" Wurm

Ein Wurm in einer Zwetschge saß
und gierig von dem Fruchtfleisch fraß.
Er schmatzte, kaute ohn' Verdruss
und schnabulierte mit Genuss.

"Wie wundervoll", rief froh er aus,
"und süß es schmeckt, mein Zwetschgenhaus!
Für immer bleibe ich nun da
in meiner kleinen Welt. Hurra!"

Und er fraß weiter und genoss
die Zeit in seinem Früchteschloss.
Reich wie ein Herrscher fühlt' er sich
im Zwetschgenfleisch ganz königlich.

Da, plötzlich, bohrt' sich seine Bahn
ein spitzer, weißer Mausezahn

tief in die Zwetschgenfrucht hinein.
Der Wurm schrie auf: "Hey, lass das sein!

Siehst du denn nicht, dass du nur störst,
weil du hierher doch nicht gehörst?
Verlass mein Reich gleich auf der Stell'!
Beeil doch, los, verschwinde schnell!"

Schon biss die Maus mit einem Happ
ein, zwei, drei Zwetschgenstücke ab.
Sie schmatzte und biss wieder zu.
Die Zwetschge schwand dahin im Nu.

Schnell kroch der kleine Wurm heraus
aus seinem süßen 'Herrscherhaus'.
Da lag er nun, ganz nackt und bloß
und ohne Heim sehr heimatlos.

"Ein armer Wurm", rief er, "bin ich.
Ihr Mäuse, euch verdamme ich."
Die Maus sah nicht mal zu ihm her.
Sie hatte keinen Hunger mehr.

Ja, schnell kann es im Leben geh'n:
Das Glücksrad, es bleibt niemals steh'n.
So wie ein Windstoß wird zum Sturm,
so wird aus dir ein armer Wurm.

Die Regenfrau

Hörst du sie? Komm her und schau!
Da draußen steht die Regenfrau.
Den Hut trägt tief sie im Gesicht.
Die nasse Nase siehst du nicht.

Um ihren großen roten Mund
rankt sich ein Grinsen, frech und rund.
Die Haare sind gelockt und grau,
ihr Regenumhang, der strahlt blau.

Mit Perlchen ist er bunt geschmückt.
Sie glitzern hell. Du blickst verzückt
und schaust gebannt hinaus zu ihr.
Da, siehst du es? Jetzt winkt sie dir!

Du folgst ihr und verlässt das Haus,
trittst in die Regenwelt hinaus.
Und weil sie dir entgegen lacht,
spürst du, wie sie dich fröhlich macht.

Du hüpfst in eine Pfütze. Platsch!
Malst ein Gesicht dick in den Matsch!
Du winkst den Wolken zu und sagst,
wie sehr du Regen nun doch magst.

Das Regnen, das dich erst gestört,
hat dabei längst schon aufgehört.
Du glaubst es nicht? Komm her und schau!
Sie spielt mit dir, die Regenfrau.

Drachentraum

Mit meinem Drachen
möchte ich so viel machen:
Am liebsten würde ich auf ihm reiten
und hoch zum Himmelszelt gleiten.
Die Wolken würden wir fangen
und bis zu den Sternen gelangen.
Wir wären weiter gezogen
entlang dem Regenbogen
und grüßten dann froh und munter
zur bunten Erde hinunter.
Wir würden das Weltall umrunden
und neue Sterne erkunden.
In den Lüften würden wir gaukeln,
uns wiegen und fröhlich schaukeln.
Mit dem Wind tanzten wir um die Wette.
Ach, wenn ich so einen Drachen nur hätte...!!!

Der schöne schöne Waldpilz

Ein prächt'ger Pilz am Waldrand stand
in einem Bett aus Moos,
und ein Mensch, der ihn hier fand,
der staunte: "Wie famos
du bist! So wunderschön
perfekt. Dich lass ich stehn."

Der prächt'ge Pilz am Waldrand rief:
"Ich bin so toll, seht her!"
Doch jeder, der vorüber lief,
wollt's bald nicht hören mehr.
Ein eitler Pfau, der stört,
weil er nicht hergehört.

Es war, als würde keiner mehr
ihn seh'n im ganzen Wald.
Kein Mensch, kein Tier kam zu ihm her.
Das wunderte ihn bald.
Was nutzt' es, schön zu sein
und prächtig und ... allein?

Das grämte diesen Prachtpilz sehr.
Er fühlte sich auch schlapp,
und faulig riechend immer mehr,
dann fiel der Hut ihm ab.

Da lag er, nackt und kahl. ...
Auch Schönsein wird zur Qual.

Die Apfelfrau ist da!

Siehst du es? Komm her und schau!
Da draußen steht die Apfelfrau.
Grün ist ihr Hut, rot das Gewand.
So wandert lockend sie durchs Land.

Hörst du es, ihr kleines Lied,
das leise durch die Lüfte zieht
und jedem sagt: "Es ist so weit.
's ist Herbst und wieder Apfelzeit?"

Riechst du es? Es duftet süß
nach ihrem Apfelparadies
mit zartem Frühlingsblütenduft
und Früchtezauber in der Luft.

Schmeckst du es? Wie saftig weich
es ist, das frische Apfelfleisch?
So köstlich lecker schmeckt es und
es ist zudem auch sehr gesund.

Spürst du es? Sie ist auch hier
vor deinem Haus ganz nah bei dir.
Sie denkt im Herbst an jedes Kind
mit Äpfeln, die so lecker sind.

Weißt du es? Ja, du bist schlau
und kennst schon längst die Apfelfrau.
Sie zaubert Kindern Apfelfreud'.
Es warten auf sie viele Leut'.

Der Apfeltraum im Apfelbaum

Hoch in einem Apfelbaum
träumt' ein Apfel einen Traum.
"Ha! Der Schönste bin ich. Seht,
wie gut mir dieses Schönsein steht!

Rot die Backen, prall und rund,
zudem bin ich kerngesund.
Jeder, der mich sieht, ruft: „Oh!
Diesen Apfel mag ich so!

Lieber Apfel, komm zu mir!
Mir gelüstet sehr nach dir."
„Nicht mit mir. Ich rufe: Pah!
Ich bin nicht für jeden da!'"

Sprach's und streckte sein Gesicht
zu der Sonne hellem Licht.
Längst war'n alle Äpfel fort,
nur der Apfel hing noch dort

oben hoch in seinem Baum.
Wahr geworden war sein Traum.
Als der Winter zog ins Land,
man ihn dort noch immer fand.

Er hängt jetzt noch, welk, verfroren,
seine Schönheit ist verloren.

"Adieu", sagt der Sommer

"Adieu", sagt der Sommer.
Er reicht dem Herbst die Hand
und schickt die letzten Sonnenstrahlen
zum Abschied übers Land.

"Adieu", sagt der Sommer,
und Trauer schwingt in diesem Wort
ganz leise mit ihm durch die Lüfte.
Nur schweren Herzens geht er fort.

"Adieu", sagt der Sommer,
und macht sich langsam rar.
Seine Zeit geht nun zu Ende.
Der Herbst ist schon fast da.

Septemberküsse

Zum Abschied hat der Sommer
uns nochmals reich beschenkt
mit süßen, blauen Küsschen,
damit man an ihn denkt.

Er reicht uns beide Hände
und nimmt uns in den Arm
mit Sonnenstrahlenlächeln.
So fühlen wir uns warm.

Wir naschen seine Früchte,
genießen Saft und Wein.
Mit ihnen wird der Sommer
noch lange bei uns sein.

Altweibersommertage

Fäden weben,
Fäden kleben,
silbrig wird es im Geäst.

In den Zweigen
schon mal zeigen,
dass die Zeit nicht Zeit sein lässt.

Und so spinnen
sie nun wieder
ihre Fäden silbrig weiß.

"Alte-Weiber"-
Spinnen grinsen
hell uns an im Sonnengleiß.

Und wir denken
an den Sommer,
murmeln leise: "Oh, wie schad'.

Sommer geht nun
bald zu Ende
und die Herbstzeit naht."

Ein Zaubertag im Herbst

Denkt nur, jemand hat heute Nacht
einen Teppich gewebt übers Land
aus silbernen Fäden in glänzender Pracht,
geschaffen von Meisterhand.
Verzaubert glitzert der Morgentau
mit dem Sonnenlicht um die Wette,
ein Glänzen und Funkeln, so silbergrau
wie Perlen auf einer Kette.
Der Sonne macht dieses Spiel Freude.
Sie strahlt mit all ihrer Kraft.
Einen warmen Tag schenkt sie uns heute.
Sie hat es noch einmal geschafft.
Und der Sommer? Er lacht.
Ist er doch über Nacht
heimlich zurückgekommen
und hat das Zepter noch einmal ganz sacht
dem Herbst aus den Händen genommen.

Herbstzeit-Kinderzeit

Der Herbst, man sieht es ihm nicht an,
ist ein richtiger Zaubersmann,
und er zaubert viele Sachen,
die den Kindern Freude machen:
Wind zum Drachenfliegen,
Nüsse und Kastanien suchen,
Apfelbäume voll zum Biegen,
Erntefest und Zwetschgenkuchen.
Herbstlaubrascheln, Stiefelpatschen,
Schnupfenregen, Pfützenmatschen,
Nebeltage zum Erschrecken,
Grausiggruseln, Geisterwecken.
Festlichkeit zum Fröhlichsein,
Kirchweihrummel, Lichterschein.
Tage auch zum Träumen, Denken,
Sich-Besinnen, Freude schenken...
Ja, der Herbst zieht sein Register,
und er zaubert wild drauf los.
Jeden Tag bringt er ´was Neues.
Er ist niemals arbeitslos.
Und sein bunter Zaubermantel
hält für Kinder viel bereit,
denn, man möchte es nicht glauben:
Herbstzeit ist auch Kinderzeit.

Auf der Kirmes

Bei uns auf der Kirmes
gibt es viel zu seh'n.
Bei uns auf der Kirmes,
da ist´s wunderschön,
und da kannst du:
Autoscooter fahr'n,
Reitschul´ oder Geisterbahn,
kannst im Karussell dich dreh'n
oder Musikanten seh'n,
Wundertüten, Lose kaufen,
durch den Zauberspiegel laufen.
Mohrenköpfe, Würstchen essen,
Zuckerwatte nicht vergessen,
auf den Kirmesponys reiten,
sehen, wie die Gaukler streiten,
Bälle werfen auf neun Dosen,
Ketchup kleckern auf die Hosen,
und zum Schluss machst du ´ne Fahrt
auf Achterbahn und Riesenrad.
Wenn du möchtest, fängst du dann,
noch einmal von vorne an
ohne Pause, Ruh und Rast,
bis du dann kein Geld mehr hast.

Bei Oma im Herbst

Im Herbst gibt's bei Oma
sehr viel zu tun.
Da bleibt wenig Zeit,
sich auszuruh'n.
Im Garten muss man Äpfel pflücken,
Birnen, Pflaumen, Brombeer'n auch,
Nüsse schütteln und sich bücken,
Trauben lesen frisch vom Strauch,
Kräuter und Tomaten ernten,
und Salat, Gemüse, Lauch,
Kartoffeln, Rüben, Gurken, Zwiebeln,
ja, und Blumensträuße auch.
Oma freut sich, und sie hängt,
Blumen, Kräuter auf als Strauß.
So verbleibt ein Stück vom Sommer
duftig bunt in Omas Haus.
Das Gemüse und die Äpfel
lagert Oma sorgsam ein
drunten in dem dunklen Keller.
Frisch soll es im Winter sein.
Aus den Früchten zaubert Oma
Marmelade, Mus und Kuchen,
und wir naschen, schlecken, schmausen,
wenn wir sie im Herbst besuchen.

Apfelkuchentraum

Es duftet im Ofen.
Es zischt und es knackt.
Wer hat dieses „Schätzchen"
hier ‚reingepackt?
Ein Hauch süßer Düfte,
so lockend und fein,
zieht heut' durch die Wohnung,
Hmm! Was mag das sein?

Mir knurrt laut der Magen
Ich eile herbei,
will neugierig fragen,
was das wohl sei?
Was duftet im Ofen?
Was duftet so süß?
Ein Kuchen mit Äpfeln.
Hmm! Ein Paradies!

Ich schlag schnell die Sahne,
dann deck' ich den Tisch
und warte voll Freude,
Nur noch auf dich.
Du duftest im Ofen,
So lecker und fein.
Du A-Apfelkuchen!
Hmm! Gleich bist du mein!

Und jetzt stehst du vor mir,
lachst lockend mich an.
Ich glaube, du weißt, dass ich
nicht warten kann.
Schon läuft mir das Wasser
im Munde zusamm'.
Dann ess' ich und ess' ich,
lass' übrig kein Gramm.

Da hör' ich es lachen.
Dann wache ich auf.
Oh, wie bin ich hungrig!
Hört das denn nie auf?
Ich glaube, ich träumt' nur
von dir, süße Freud'.
Du A-apfelkuchen,
Ich wünsch' mir dich heut'.

Es duftet im Ofen.
Es zischt und es knackt
Wer hat dieses „Kuchen
hier ‚reingepackt?
Ein Hauch süßer Düfte,
nach Äpfeln so fein
zieht grad' durch die Wohnung,
lädt zum Schmausen mich ein.

Kürbisglück

Der Kürbis sprach: „Mir ist's nicht schnuppe.
Ich habe keine Lust auf Suppe.
Ich möchte kein Gemüse sein
und auch kein Futter für das Schwein."
Er lag am Markt auf einem Tisch
und grauste sich.

"Was grämst du dich?", rief da die Rübe.
"Die Zukunft von uns, die ist trübe.
Man kocht uns und man isst uns auf.
So ist nun mal der Dinge Lauf."
Der Menschen Hunger, der ist groß
und unser Los."

Da kam ein Kind. Es sah die Beiden
und sagte leis': „Ihr sollt nicht leiden.
Ich schnitze aus euch ein Gesicht
und stell' in euren Bauch ein Licht.
So leuchtet ihr in dunkler Nacht
und haltet Wacht."

Es war, als spürte man sie beben.
„Du meinst, wir dürfen weiter leben?"
Die beiden Freunde riefen's froh.
Für manche ist's im Leben so,
dass man es trifft ein kleines Stück.
Man nennt es: Glück!

Ernte im Herbst
Erntedankgedicht

Korn und Heu sind nun geerntet,
überreif ist längst der Mais,
auf dem Felde warten Rüben
auf die Ernte, dick und weiß.

In den Gärten das Gemüse
steht bereit in bunter Pracht.
Es wird Zeit, es jetzt zu ernten,
kühl wird´s manchmal schon zur Nacht.

Äpfel, Birnen in den Bäumen,
Pflaumen, saftig süß und blau,
und vom Nussbaum fällt ins Grase
Nuss für Nuss. Komm her und schau!

Die Kartoffeln sind die letzten.
Grabt sie aus der Erde aus!
Leer sind Felder nun und Gärten.
Nun beginnt die Zeit im Haus.

Erntedank

Danke, Sonne,
für deine warmen Strahlen.
Sie haben die Früchte süß gemacht.

Danke, Regen,
für deine Regengüsse.
Sie haben den Pflanzen Kraft gebracht.

Danke, Erde,
für deine guten Böden.
Sie haben die Ernte reif gemacht.

Bitte, Menschen,
fahrt weniger Auto,
macht weniger Abfall
und pustet weniger Gift in die Luft!.

´Danke´
werden wir euch dann auch sagen:
die Sonne, der Regen, die Erde und ich.

Herbst

Herbstwindsausen,
Stürme brausen,
Blätter wirbeln durch die Luft.
Drachen fliegen,
Feuer liegen
im Kartoffelfeuerduft.

Stoppelfelder,
bunte Wälder,
Farbenpracht und gold'ner Glanz.
Sonnenwetter,
welke Blätter
laden ein zum Abschiedstanz.

Graue Tage,
Wolkenplage,
düster ist's und nebeltrüb.
Tropfennasse
Schnupfennase.
Herbst, du bist mir ja soo(?) lieb!

Das kleine grüne Stachelding

Eine kleine grüne Kugel
lag allein am Wegesrand,
wartete ganz ungeduldig,
dass ein Menschenkind sie fand.

Tief und fest in ihr verborgen
trug sie einen braunen Schatz.
Glänzende Kastanienfrüchte
hatten in ihr ihren Platz.

Ihre grünen Stacheln blinkten
lockend hell im Sonnenlicht.
Leute gingen achtlos weiter,
sah'n die kleine Kugel nicht.

Da, ein Kind kam angelaufen
eilig zu der Kugel hin.
Seine kleine Hand griff eifrig
nach dem fremden Stachelding.

„Du tust weh!", rief es erschrocken.
Schnell warf es vor lauter Schreck
diese grüne Stachelkugel
- patsch und peng - gleich wieder weg.

Patsch und peng! Die Kugel bebte,
ihre Schalen platzten auf,
zwei Kastanien plumpsten leise
aus der Kugelhülle raus.

Ach, wie sich das Kind da freute!
„Toll! Kastanien! Oh, wie nett.
Diese zarten runden Früchte
wohnen in ‚nem Stachelbett.“

Wie so oft wird hier zur Wahrheit:
„Stachelschale, zarter Kern!“
Diesen Spruch, der doch so weise,
den vergisst man manchmal gern.

Darf's noch ein bisschen bunt sein?

"Darf's noch ein bisschen bunt sein?"
Der Alte fragt's und lacht
und schleudert seine Pinsel
in voller Farbenpracht
zum Abschiedsgruß auf jedes Blatt
in praller Buntheit satt.

"Darf's noch ein bisschen grell sein?"
Er kichert's laut und schmeißt
das Gelb in allen Tönen
aufs Laub, das gülden gleißt
ein letztes Mal im Prunkgewand
als tröstlich' Märchenland.

"Darf's nun ein bisschen ... kahl ... sein?",
hallt's bald darauf ... von fern
von einer müden Stimme.
Wir hören es nicht gern.
Die Zeit hat einen Schnitt gemacht.
Der Winter, er naht sacht.

Der Kastanienbaum vor unserem Haus

Ein Kastanienbaum steht vor unserem Haus.
Er sieht im Herbst bunt und fröhlich aus.
Die gelben Blätter säuseln im Wind
und flüstern: "Sieh, wie die Zeit verrinnt!
Erst frühlingsjung, sommergrün und schon bald
hängen wir herbstgelb, vertrocknet und alt
an unseren Zweigen. Das Ende ist nah."
Und eines Tages ist es dann da.
Der Sturmwind fegt in die Zweige hinein.
Er lässt die Blätter wirbeln und schnei'n.
Wie Schneeflocken, so leicht und so munter,
trudeln sie auf den Boden herunter.
Ganz traurig und kahl sieht er nun aus,
der Kastanienbaum vor unserem Haus.
Doch verborgen wartet als kostbarer Schatz
in den Ästen eine Knospe am Blätterplatz.
Das Wunder, man kann es seh'n,
wird im nächsten Frühjahr gescheh'n,
und alles fängt wieder von vorne an,
so wie es Jahr um Jahr stets
von Neuem begann.

Mit Opa Franz ins Geschichtenland

Wenn ich nicht draußen spielen kann,
hör' ich mir 'ne Geschichte an
bei Opa Franz im Nachbarhaus.
Der kennt sich mit Geschichten aus.

Wir fliegen einmal auf den Mond,
denn der ist gar nicht unbewohnt.
Die Mondolonen leben dort.
Sie lassen uns fast nicht mehr fort.

Ein andermal, da reisen wir
zu Wüstenscheich Ben Dschurimir.
Der lädt zum Wüstenmahl uns ein
zu Löwenspeck und Palmenwein.

Im Urwald finden wir sodann
den letzten Urwaldzaubermann.
Der zaubert für uns - eins, zwei, drei –
ein Urwaldomobil herbei.

Und dieses Ding bringt uns ganz schnell
zu einer Wunderzauberquell,
die jedem einen Wunsch gewährt,
der mutig ist und sich bewährt.

Wir sind voll Mut, drum wünschen wir
uns einen Flug auf 'nem Klavier
mit Melodien um die Welt
überall hin, wo's uns gefällt.

Wir schweben singend übers Meer
nach Ost und West und kreuz und quer,
und manchmal bleiben wir auch steh'n,
denn es gibt ja so viel zu seh'n!

Am Nordpol halten wir dann an
und treffen dort den Weihnachtsmann.
Und der nimmt uns auf seinem Ritt
durch Schnee und Eis nach Hause mit.

So ist mir das Geschichtenland
dank Opa Franz schon gut bekannt,
und ich besuch' ihn wieder bald,
wenn's draußen dunkel ist und kalt.

Ein Herbst-Fratzengeist

Nimm eine Rübe und höhle sie aus
und schneide eine Fratze daraus
mit Augen, Nase und
einem grimmigen Mund.

Dies Rübenmonster stelle sodann
ans Fenster und zünd' eine Kerze noch an,
wenn´s dämmert draußen.
Das sieht aus zum Grausen.

Nun muss du zum Fenster ´rauslinsen.
Draußen gibt´s nämlich bald ´was zu grinsen,
weil die Leute mächtig erschrecken,
wenn sie den Fratzengeist plötzlich entdecken.

Ein Bild vom November

Male ein Bild vom November.
Neblig ist es und trüb und grau.
Bunte Farben gibt´s nur wenig,
nur selten siehst du Himmelsblau.

Dicke Jacken musst du malen,
Regenschirme, Sturm und Wind,
Nieselregen, Ofenfeuer,
und davor, da sitzt ein Kind.

Manchmal aber blinkt durchs Dunkel
hier und da und dort ein Licht.
Kinder sind es mit Laternen,
und die stört das Wetter nicht.

Ihnen wird es warm beim Laufen
mit Laternenlichterschein
hell und bunt durch Nebelschleier
strahlt das Licht durchs Fenster 'rein.

Vergiss es nicht beim Bilder malen.
Der November ist nicht trist,
wenn du fröhlich bist und lächelst,
wenn du guter Laune bist.

Hallo, mir ist kalt

Wo soll ich hin? Die Luft ist kalt.
Ich riech's, der Winter, der kommt bald.

Wo schlaf' ich mich dann richtig aus?
Ich brauch' ein warmes Igelhaus

Ich suche hier, ich suche dort,
das bunte Herbstlaub, das ist fort.

Im Garten war ich gern zuhaus'.
Doch ohne Laub wander' ich aus.

Rasch muss ich mir 'ne Höhle bau'n
und werd' im Wald nach Blättern schau'n.

Vielleicht komm' ich im nächsten Jahr
hierher zurück, wo ich gern war.

Am Ende des Herbstes

Der Spätherbst weht
die Blätter von den Bäumen.
Die Zeit vergeht.
Sie bleibt in unsern Träumen.

Grau das Gewand,
die Tage werden trüber,
reicht er die Hand
und geht an uns vorüber.

Er geht ganz leis’.
einen Hauch nur lässt er ahnen.
Aus grau wird weiß,
die Zeit zieht ihre Bahnen.

Nebelkind

Ein Nebelkind legt sich geschwind
aufs Land tief in der Nacht.
Es hat die Welt, weil´s ihm gefällt,
ganz unsichtbar gemacht.

Triffst du´s, kann´s sein, es hüllt dich ein
in Nebelschleiergrau.
So stehst du hier allein mit dir.
Das Nebelkind ist schlau.

Es ist nicht weit und schenkt dir Zeit
für einen Märchentraum.
Du träumst dich fort an fremdem Ort,
du glaubst es selber kaum.

"Komm, geh mit mir! Ich zeige dir
das Nebelzauberland!",
raunt es dir zu und da nimmst du
des Nebelkindes Hand.

So wandert ihr von da nach hier
,raus in die Nebelwelt.
Der Tag ist schön, und ihr könnt geh'n,
so weit, wie´s dir gefällt.

Ein rätselhafter Zauber

Denk dir, heut morgen
ging ich aus dem Haus,
und alles sah draußen
ganz anders aus.

Ich war erschrocken
und blieb erst mal steh'n
und schaute mich um,
doch ich konnte nichts seh'n.

Es war zum Gruseln,
denn wo ich auch stand,
war alles gespenstisch
verschleiert im Land.

Die Bäume im Garten
gab´s plötzlich nicht mehr.
Nur dürre Gerippe
sah'n starr zu mir her.

Selbst Nachbars Haus
gleich um die Eck
war - wie von Geistern
verhext - einfach weg.

Ich rieb mir die Augen
und dachte mir bloß:
Was ist nur geschehen?
Was ist heut' nur los?

Träumte ich all das,
was ich hier sah,
oder war heute Nacht
ein Zauberer da?

Wer kann mir sagen,
was mich so erschreckt´.
Wer hat die Lösung
des Rätsels entdeckt?

(Nebel ist des Rätsels Lösung)

Mondlächeln

Der Mond schaut hoch vom Himmelszelt
hinunter auf die kleine Welt.
Ihm ist, als hört´ er´s leise klingen
und Kinderstimmen Lieder singen.
Ganz klar hört er nun aus der Ferne
ein Lied von Sonne, Mond und Sterne.
Und Lichterpünktchen sieht er blinken.
Ihm ist´s, als würden sie ihm winken.
Da lächelt er, der Mond, ganz weise
und macht sich weiter auf die Reise.

Herbstzeit-Laternenzeit

Wenn´s dunkelt im Herbst,
bastle dir ´ne Laterne!
Schneide Sonne und Mond aus
und ein paar Sterne
und klebe dafür
buntes Papier
und eine Kerze
mitten hinein.

Wenn´s Abend dann wird,
zieh mit deiner Laterne
durch das Dunkel des Abends
und grüße die Sterne
und zaubre ganz sacht
Licht in die Nacht.
Schön, wie es funkelt
im Lichterschein.

Eine Laterne für dich

Sonne, Mond und Sterne
aus buntem Glanzpapier
kleb' ich auf die Laterne
und geh' damit zu dir.

Ich mag dich so gerne,
drum komme ich zu dir
und bring' dir die Laterne
als ein Geschenk von mir.

Wie zwei kleine Sterne
am weiten Himmelszelt
zieh'n mir mit der Laterne
durch unsere kleine Welt.

Novemberabend

Es legen die Zeiten,
die Stille bereiten,
ein tröstendes Band
der schläfrigen Ruhe
hauchzart übers Land.
Pssst!

Es gleiten die Stunden,
dem Tage entbunden,
ins Dunkel der Nacht,
von friedlichem Schweigen
umfangen so sacht.
Pssst!

Es ruhen die Bäume.
Sie träumen die Träume
der wandelnden Zeit
im Atem des Winters
in Lautlosigkeit.
Pssst!

Wenn´s draußen früher dunkel wird

Wenn´s draußen früher dunkel wird,
ist´s bei uns gemütlich
wie auf einer Ofenbank
so kuschelwarm und friedlich.

Wir gehen dann zu Opa Franz
und lauschen den Geschichten,
die uns von der weiten Welt
so allerhand berichten.

Und in dieser Kuschelzeit
strahlt in unserm Zimmer
von der Kerze auf dem Tisch
ein heller Lichterschimmer.

Wenn´s draußen früher dunkel wird,
warten alle Kinder
ungeduldig auf den Schnee,
denn bald beginnt der Winter.

Dezemberzauber

Lichterhelle Tannenbäume,
Schneesterne, Dezemberträume.
Mandelkekse, Honigkuchen,
nach geheimen Päckchen suchen.
Silberheller Mondenschein
strahlt des Nachts ins Zimmer ,rein.
Sternenfunkelglitzerglanz.
Himmelsreigen, Engelstanz.
Märchenzauber, Liederreigen.
Kinderglück und Freude zeigen.
Zaubermärchenweiße Pracht.
Schlittenfahrt und Schneeballschlacht.
Alle Seen sind zugefroren.
Kalt die Nasen, rot die Ohren.
Spiel und Spaß und Fröhlichkeit.
Das ist die Dezemberzeit.
Und dann ist er endlich da.
Der allerschönste Tag im Jahr.
Heiligabend. Stille Nacht.
Und ein Kind, das leise lacht.

Leuchte, kleine Kerze

Eine kleine Kerze
steht auf unserm Tisch,
und sie leuchtet jeden Tag
nur für dich und mich.

Zünden wir die Kerze
jeden Abend an,
strahlt sie hell mit ihrem Schein
dich und mich dann an.

Unsre kleine Kerze
flackert leis' und still.
Hörst du, was sie mit dem Licht
uns erzählen will?

Das Winter-Weihnachtswunder
Barbaratag

Mit einem Kirschzweig,
bei Kälte gepflückt,
hast du dir einmal
dein Zimmer geschmückt.

An einem Kirschzweig
blüht's kirschblütenweiß
am Weihnachtstage
trotz Schnee und trotz Eis.

Mit einem Kirschzweig
- hast du's geseh'n? -
kann tief im Winter
ein Wunder gescheh'n.

Weihnachtszeit-stille Zeit

Es ist so laut in unserer Stadt
bei uns zur Weihnachtszeit.
Doch manchmal brennt ganz ruhig ein Licht,
das sagt sehr leis': "Vergiss es nicht!
Pssst! Weihnachtszeit
ist stille Zeit,
ist stille, stille Zeit.

Es ist so laut in unserm Haus
bei uns zur Weihnachtszeit.
Und manchmal klingt ganz ruhig ein Lied.
Es sagt sehr leis': "Denk du auch mit!"
Pssst! Weihnachtszeit
ist stille Zeit,
ist stille, stille Zeit.

Es ist so laut bei dir und mir,
bei uns zur Weihnachtszeit.
Doch manchmal zwickt ganz ruhig mein Zeh.
Er sagt sehr leis': "Viel Lärm tut weh!"
Pssst! Weihnachtszeit
ist stille Zeit,
ist stille, stille Zeit.

Plätzchenduft liegt in der Luft

Als ich aus der Schule kam,
lag ein süßer Duft
nach Plätzchen und nach Marzipan
zu Hause in der Luft.
Hm, Weihnachtsplätzchen,
köstlich fein!
Wo konnten sie denn dieses Mal
vor mir verborgen sein?
Ich suchte hier, ich suchte da
im Haus in jedem Zimmer.
Ich schnupperte.
Hm! Köstlich fein ...
und suche sie noch immer.

Gibt es dich, Weihnachtsmann?

Hallo du, Weihnachtsmann,
wann kommst du zu mir?
Hallo du, Weihnachtsmann,
ich träum’ so oft von dir.
Du reitest hoch am Himmel
auf deinem Schimmel.

Hallo du, Weihnachtsmann,
mit ist eins nicht klar.
Hallo du, Weihnachtsmann,
sag mir, ist es wahr:
Es heißt, dich soll´s nicht geben
in unserm Leben?

Doch du sagst leis’:
"Wer träumen kann,
der kennt auch mich,
den Weihnachtsmann..."

Vom Schenken

Was schenk' ich bloß?
Was denk' ich bloß?
Was soll es denn nur sein?
Was schenk' ich bloß?
Was tu' ich bloß?
Mir fällt ja gar nichts ein.
Was schenk' ich bloß?
Ich geh' halt los,
kauf' irgendetwas ein.
Irgendetwas.
Einfach so.
Es wird schon richtig sein!
Hübsch eingepackt,
wie man's so tut...
An Weihnacht nämlich ist ein jeder
mal zum andern gut.

Wo liegt Bethlehem?

Sag mir, wo liegt Bethlehem?
Vielleicht in jedermann?
Wenn Menschen zueinander stehen
und ihren Weg gemeinsam gehen,
dann ist Bethlehem nicht weit.
Dann ist Weihnachtszeit.

Sag mir, wo liegt Bethlehem?
Vielleicht bei uns zu Haus?
Wenn wir gemeinsam Lieder singen
und einander Freude bringen,
dann ist Bethlehem nicht weit.
Dann ist Weihnachtszeit.

Sag mir, wo liegt Bethlehem?
Vielleicht in unsrer Stadt?
Wenn Reiche auch an Arme denken
und einander Hoffnung schenken,
dann ist Bethlehem nicht weit.
Dann ist Weihnachtszeit.

Sag mir, wo liegt Bethlehem?
Vielleicht in unsrem Land?
Wenn Menschen still in Frieden leben
und dem Feind die Hände geben,
dann ist Bethlehem nicht weit.
Dann ist Weihnachtszeit.

Raunächte

Rau sind die Nächte,
verwunschen die Zeit.
Das Heer, das wilde,
es ist nicht mehr weit.

Hörst du? Ein Brausen.
Ein Zischen. Ein Schrei.
Die Schar der Geister,
sie poltert herbei.

Verwischt sind die Grenzen
der Welten. Hab Acht!
Das Tor zum Andern
steht offen bei Nacht.

Silvester

Leute lachen,
Böller krachen,
Schlager dröhnen,
Tiere stöhnen.
Bunte Lichter in der Luft,
Raketenlärm - und schon verpufft.
Rack und zack und knall und bum!
Und das alte Jahr ist um.

Feentanz im Winterwald

Winterpause.
Vom Schlafe erwacht
tanzen die Feen zwischen Bäumen.
Leis’ klingt ihr Singen.
Im Einbruch der Nacht
kannst du sie sehen. Sie träumen.

Winterpause.
Ich bleibe still steh’n
und lausche dem Klang ihrer Lieder.
Die Winterzeit, sagen sie,
wird noch nicht geh’n.
Die Tage des Frosts kommen wieder.

Die Eisblume

Eine Blume blüht am Fenster,
sie ist silberhell und weiß
und sie funkelt wie ein Sternchen,
glitzerhell im Sonnengleiß.
Und ich starre auf das Wunder,
das so selten heut’ geschieht,
weil aus Eis im Winter bei uns
selten eine Blume blüht.

Das Eichhörnchen und der Hunger

”Immer soll ich Vorrat sammeln!
Ich hab viel mehr Lust zum Gammeln”,
sprach das Eichhorn und verschlief
die Herbstzeit ruhig und fest und tief.

Die Kälte kam. Das Eichhorn fror.
”Oje”, sprach es. ”was geht hier vor.
Alles, was ich ringsum seh’
ist weißer, kalter Glitzerschnee.

Kalt ist mir und leer ist auch
mein armer, dünner Hungerbauch.”
Es klopft bei seinen Freunden an,
fragt, ob es etwas haben kann

zum Essen und ´nen warmem Ort.
Doch alle schicken es nur fort.
Bloß der Ratte Adelheid
tut das arme Eichhorn Leid.

Sie lädt es in ihr Nest mit ein
und sagt: „Ich bin nicht gern allein,
drum lasst uns doch Freunde sein,
und meine Vorräte sind dein.“

Das Eichhörnchen, das freut sich sehr
und denkt sich stumm: „Ich werd' nie mehr
auf Wesen, die so anders sind,
herabsehn. Wer das tut, ist blind."

Vogelwinter

Wenn´s draußen kalt ist,
wenn´s frostet und schneit,
herrscht für die Vögel
eine bittere Zeit.
Sie träumen vom Sommer,
von Wärme und Essen
und hoffen, dass die Kinder
sie jetzt nicht vergessen
und auch im Winter
nun an sie denken
und ihnen ein paar Körnlein
Futter schenken.
Zum Dank singen die Vögel
dann wieder
für alle im Frühling
die schönsten Lieder.

Wenn der Schneeprinz kommt

Irgendwann,
du denkst gar nicht dran,
kommt der Schneeprinz
mit seinem Gefolge an.

Es wird kalt
und kälter und dann,
fangen Wolken
leise zu weinen an.

Schneeflocken,
wie Tanzgeister so munter,
wirbeln fröhlich
vom Himmel herunter.

Es wird hell
und heller, und dann
haben Bäume
schneeweiße Mützen an..

Und das Land
liegt still und verschneit
wie verzaubert
im Wintertraumkleid.

Ein lieber Geist

Der Schneeprinz, mein Kind,
damit du es weißt,
ist im Winter für Kinder
ein sehr lieber Geist.
Du kannst ihn hören,
aber nicht seh'n.
Bleibe im Winter
ganz still einmal steh'n!
Pssst!
Ein Sirren, ganz leise,
hörst du´s in der Luft?
Der Schneeprinz ist´s,
der nach dir ruft.
Pssst!

Schneewinter kommt bald

Kalt, kalt, kalt.
Draußen ist´s so kalt.
Nieselregen. Kalte Hände.
Schnupfennase. Nebelwände.
Kalt, kalt, kalt.
Schneewinter kommt bald.
Fallen dann die ersten Flocken,
die uns rasch nach draußen locken.
Ja, hurra, dann ist der Winter da!

Der Schneemann wartet

Möhrennase
und Augen aus Kohlen.
Schneeweißer Kerl
vom Kopf zu den Sohlen.
Grellroter Topf
auf seinem Kopf,
steht er im Garten,
kann's nicht erwarten,
dass du bald kommst
und nach ihm schaust
und ihm ganz rasch
eine Schneefrau noch baust.

Winterzeit-Grippezeit

Winterzeit-Grippezeit,
überall, weit und breit
hörst du`s
niesen, schnupfen, husten,
keuchen, ächzen, prusten,
jammern, seufzen, klagen
über all die Grippeplagen:
Kopfweh, Fieber, Schüttelkrämpfe,
Halsschmerzen, Kamillendämpfe,
Pillen, Tropfen und Tabletten,
Zäpfchen, Salben, frische Betten,
Honigmilch und Hustensaft,
Brühe, heiß, für neue Kraft.
Jedes Jahr das gleiche Spiel.
Medizin nützt da nicht viel.
Helfen kann nur eines: Zeit,
Geduld, Humor, Gelassenheit,
denn die ganze Grippenplage
dauert mindestens acht Tage,
und so lange musst du leiden
oder Ansteckung vermeiden.

Der Winter und die Fastnachtsnarren

Fastnacht ist's!
Der Winter lacht,
weil dies Fest ihm
Freude macht.

Heut will er sich nicht bescheiden.
Nein, er will sich auch verkleiden.
Bunt möcht' er der Welt sich zeigen,
im rot-gelb-blau-grünen Reigen
fröhlich durch die Straßen springen,
mit den Narren lauthals singen:
"Oh, wie schön ist Fasenacht!
Toll, wie Feiern Freude macht!"
Doch die Leute rufen: "Halt!
Du bist nicht bunt. Du bist nur kalt.
Kahl und weiß ist dein Gesicht,
und das passt zur Fastnacht nicht."

Fastnacht ist's.
Der Winter grollt.
Er ist eisig und ...
er schmollt.

Fastnachtshexentreiben

Hakennase und Besen zum Reiten,
Meckerlachen und Freude am Streiten,
schwarze Katz und fetter Rab´,
Rattenschwanz und Hexenstab,
steht sie hier nah vor dir
grinst dich an - quabrax! -, und dann,
eilt sie weiter froh und heiter
durch die Straße so zum Spaße.

Krachmacher-Fastnacht

Heulen wie ein Gruseltier,
brüllen wie ein wilder Stier,
singen, jodeln, röhren, pfeifen,
schreien, schmettern, jaulen, keifen,
werd' ich heut', so laut ich kann.
So fängt die Krachmachfastnacht an.
Und ich brüll' aus voller Kehle,
schrei' mir alles von der Seele,
laut und lauter, immer mehr
wie ein Elefantenbär.
Dann geht mir die Puste aus,
ich krieg' fast kein Wort mehr ,raus,
ich werd' leis' und immer leiser –
und am Ende bin ich heiser.

Schneemannlachen

Fastnacht ist's!
Der Schneemann staunt.
Alle sind heut' gut gelaunt.
Schmücken ihn mit roten Schleifen,
Hut und Maske, Trötenpfeifen,
und auf seinen Schneemann-Mund
malen sie ganz kunterbunt
breit ein Grinsen, das vom Clown.
Fröhlich frech ist's anzuschau'n.

Fastnacht war's!
Der Schneemann lacht.
Spaß hat ihm der Spaß gemacht.
Warm ist ihm vom vielen Lachen
und dem lust'gen Späße machen.
Tropf und tropf lacht Tränen er,
acht, neun, elf, zwölf und noch mehr,
tropf, tropf, tropf - sein Schneekleid flieht,
bis man von ihm nichts mehr sieht.

Schneemannweinen

Der Schneemann weint
still vor sich hin.
Tränen tropfen
über sein Gesicht.

Der Schneemann weint.
Er schmilzt dahin.
Es tropft und tropft und tropft...
Er will es nicht.

Der Schneemann weint,
weil er nicht anders kann.
Er weint. ...
Die Sonne lacht ihn an.

Zwei Herren streiten

Wer macht die Bäume blütenweiß?
Das ist Herr Frühlings erster Gruß.
Wer schickt uns Hagel, Schnee und Eis?
Das ist des Winters Abschiedskuss.

Der eine kommt. Der and're geht.
Sie zögern alle beide.
Kommen? Gehen? Wer gibt nach?
Sie wetteifern im Streite.
Der Frühling lockt und schmeichelt sehr
mit Sonnenschein und Farbenpracht.
Dem Winter fällt der Abschied schwer.
Er kämpft mit eis´ger Himmelsmacht.

Zwei Herren streiten.
Wer gewinnt?
Na, wer schon?
Das weiß jedes Kind ...

Dämmerlichtstunde

Im Dämmerlicht,
da zünd´ ich mir
eine Kerze an
und sehe mir
den Lichterschein
mit Vergnügen an.
Und ich blicke in die Flamme,
wie sie flackert, lodert, strahlt,
wie sie Schattenbildfiguren
an die Wände malt.

Am Ende des Tages

Am Ende des Tages
schleicht sich die Stille
klammheimlich ins Land.

Zum Abschied der Sonne
schmückt sich der Himmel
im Abendgewand.

Am Ende des Tages
knüpfen die Stunden
ihr Zeitperlenband.

Wir stehen und staunen.
"Wie schön!", sagst du leise
und nimmst meine Hand.

Ruhe kehrt ein

Ruhe kehrt im Walde ein.
Die Nacht ist nicht mehr fern.
Am Himmel neigt sich tief zum Schlaf
der gold'ne Sonnenstern.

Ruhe. Leise klingt das Lied
des Abschieds nun zur Nacht.
Ein friedlich' Seufzen hallt vom Berg
hinab zum Tale sacht.

Ruhe. Träge flirrt die Luft.
Die Waldwelt atmet auf.
Sie lädt zum Innehalten ein,
zur Rast im Tageslauf.

Ruhe. Sie kommt nun zu mir,
umfasst mich, lockend, leicht.
Ich atme auf, genieße stumm.
Sie hat auch mich erreicht.

Sternenträume

Schau in den Himmel
zu den Sternen hinauf!
Siehst du sie funkeln
im Dunkeln?

In hellem Glanze
kommen sie auf ihrem Lauf
in hohem Bogen
gezogen.

Abend für Abend
kannst du häufig sie sehn,
wie sie dir winken
und blinken.

Auf ihrer Reise
bleiben sie nirgendwo steh'n,
immer im Kreise
ganz leise.

Auf Regen, da kommt Sonnenschein.

Auf Regen, da kommt Sonnenschein.
Hey! Zweifle nicht und sag nicht "Nein!"
Und ist es auch mal grau und nass,
dann schau dich um, genieße, lass
im Trüben dich das Helle seh'n
und heiter so durchs Leben geh'n.
denn die Moral von der Geschicht':
In jedem Dunkel steckt ein Licht.

Impressum

Elke Bräunling
Hör mal, Oma!
Ich schenk' Dir ein Gedicht von Jahr und Tag
Gedichte durchs Jahr - von Kindern erzählt

Mein besonderer Dank gilt den Besuchern meiner Blogs, die mir durch viele Zuschriften Mut für dieses Buch gemacht haben.

Elke Bräunling wohnt mit Mann und Hund im sagenumwobenen, inspirierenden Odenwald bei Schriesheim. Nach dem Studium war und ist sie tätig als Lektorin, Journalistin, Liedermacherin, Ghostwriterin, Buchautorin und Bloggerin. Veröffentlichung zahlreicher Bücher, Geschichten, Märchen, Gedichte und Lieder, dazu pädagogische Fachliteratur, Beiträge und redaktionelle Mitarbeit bei Zeitungen/Zeitschriften/Funk.

Besuchen Sie die Autorin im Internet und begleiten Sie sie dort in ihre Welt der Märchen, Lieder und Geschichten!
http://www.elkeskindergeschichten.de
http://geschichtensammlung.wordpress.com

GESCHICHTEN DURCHS JAHR
Geschichten zum Lesen oder Vorlesen für Kinder, Eltern, Großeltern, Familie, Schule, Kindergarten und überall sonst, wo man sich gerne Geschichten erzählt:

Hör mal, Oma! Ich erzähle Dir eine Geschichte vom Frühling - 30 **Frühlingsgeschichten** und Märchen für Kinder, Eltern und Großeltern (ISBN-13: 978-1482751154)

Hör mal, Oma! Ich erzähle Dir eine Geschichte vom Sommer - 32 **Sommergeschichten** und Märchen für Kinder, Eltern und Großeltern (ISBN-13: 978-1482793277)

Hör mal, Oma! Ich erzähle Dir eine Geschichte vom Herbst - 33 **Herbstgeschichten** und Märchen für Kinder, Eltern und Großeltern (ISBN-13: 978-1483905297)

Hör mal, Oma! Ich erzähle Dir eine Geschichte vom Winter - 35 **Wintergeschichten** und Märchen für Kinder, Eltern und Großeltern (ISBN-13: 978-1483961705)

Hör mal, Oma! Ich erzähle Dir eine Geschichte vom Wald - 30 Geschichten und Märchen vom **Wald im Frühling, Sommer, Herbst und Winter** für Kinder, Eltern und Großeltern (ISBN-13: 978-1490412252)

Opas Adventskalender
31 Adventskalendergeschichten zur Advents- und Weihnachtszeit für Kinder - für jeden Tag im Dezember eine (ISBN-13: 978-1492709657)

Hör mal, Oma! Ich erzähle Dir eine Geschichte vom Advent - *30 Adventsgeschichten und Märchen rund um den Advent und seine Feste für Kinder, Eltern und Großeltern* (ISBN-13: 978-1490531809)

Hör mal, Oma! Ich erzähle Dir eine Geschichte von Weihnachten - *30 Weihnachtsgeschichten und Märchen rund um das Weihnachtsfest für Kinder, Eltern und Großeltern* (ISBN-13: 978-1490930039)

Eine Geschichte für Dich – Ostern - 30 Geschichten, Märchen, Lieder und Sachtexte rund um die **Osterzeit** (ISBN-13: 978-1482761474)

Hallo Opa! Erzählst Du mir eine Geschichte von der Laternenzeit? - Geschichten, Märchen, Gedichte, Spiele und Lieder **rund um Sankt Martin, Laternen und die Laternenzeit im Herbst** (ISBN-13: 978-1491263433)

Hallo Opa! Erzählst Du mir eine Geschichte von der Apfelfrau? - Geschichten, Märchen, Gedichte, Fantasiereisen und Lieder **rund um den Apfel, um Apfelbäume und das Apfeljahr** (ISBN-13: 978-1491263419)

Hallo Opa! Erzählst Du mir eine Geschichte vom Erntedank?
Geschichten, Märchen, Gedichte, Spiele und Lieder **rund um die Ernte, unser Essen und um Erntedank** (ISBN-13: 978-1491263440)

FANTASIEREISEN DURCHS JAHR

Die Fantasiereisen, Entspannungsübungen, Fantasiegeschichten, Gedichte, Märchen und kleine Arbeitsanleitungen in diesen Büchern bringen die Jahreszeiten ins Kinder- und Schulzimmer.

Eine Fantasiereise für Dich - Frühling

Erhältlich als Ebook und als Taschenbuch (ISBN-13: 978-1484079812)

Eine Fantasiereise für Dich – Sommer

Erhältlich als Ebook und als Taschenbuch (ISBN-13: 978-1484146163

Eine Fantasiereise für Dich - Herbst

Erhältlich als Ebook und als Taschenbuch (ISBN-13: 978-1484146163